© Ediciones Bayoán: *Arte y Cultura*
© 2021, Alexis O. Tirado Rivera

Historia, religión y tradición de la Virgen de Nuestra Señora de la Candelaria en el barrio Corazón de Guayama

Library of Congress Control Number: 2021900953
ISBN: 978-0-9828623-9-1

Editora: Heyda Sánchez Zambrana
Corrección: Heida Zambrana González
Elaboración gráfica: Pasqualino Di Girolamo
Foto de la portada: Denisse Ocasio Campos

Ediciones Bayoán: *Arte y Cultura*
Caguas, Puerto Rico
info@edicionesbayoan.com
www.edicionesbayoan.com

Alexis O. Tirado Rivera

Historia, religión y tradición de la
Virgen de Nuestra Señora de la Candelaria
en el barrio Corazón de Guayama

Ediciones Bayoán
Arte y Cultura

Introducción

La liturgia de hoy nos muestra a Jesús que va al encuentro de su pueblo. Es la fiesta del encuentro: la novedad del Niño se encuentra con la tradición del templo; la promesa halla su cumplimiento; María y José, jóvenes, encuentran a Simeón y Ana, ancianos. Todo se encuentra, en definitiva, cuando llega Jesús[1].

Cuarenta días después del Nacimiento de Jesús, Lucas nos narra en su libro cap. 2 v. 22- 25 y subsiguientes, que llevaron al niño al templo con el propósito de presentarlo a Dios. Así se cumplía con una de las leyes de Moisés, que estipulaba que después de la mujer dar a luz su hijo, ofrecía en el templo un cordero y un pichón de paloma o una tórtola por el pecado. De esta manera, y luego de la oración de rigor, quedaba limpia. Esto se conoce como la fiesta de la purificación. María, luego de dar a luz al niño Jesús, cumplió con dicho precepto; sin embargo, Jesús sería la ofrenda que presentaría al Señor en el templo.

Lucas, quien era médico, nos narra aquella grata

---

1 Homilía del papa Francisco en la Misa de la Fiesta de la Presentación del Señor 2 de febrero de 2019. Documento tomado de: https://www.aciprensa.com/noticias/homilia-del-papa-francisco-en-la-misa-de-la-fiesta-de-la-presentacion-del-señor-79416.

1

experiencia de redención para los hombres cumpliéndose así lo estipulado en las escrituras. "... cuando se cumplieron los días para la purificación de ellos conforme a la ley de Moisés, lo llevaron a Jerusalén para presentarlo al Señor"[2]. Allí, José y María, encontraron a Simeón, hombre justo y piadoso y el cual esperaba la consolación de Israel por medio del Mesías y a quien no vería la muerte hasta verlo ungido. "Él le tomó en sus brazos y bendijo a Dios diciendo: Ahora, Señor, despide a tu siervo en paz conforme a tu palabra porque han visto mis ojos tu salvación la cual has preparado en presencia de todos los pueblos; luz para la revelación a los gentiles y gloria a tu pueblo de Israel"[3].

Estos hechos que aquí presento sucedieron hace más de dos mil años en Jerusalén, en tiempos en que el Imperio Romano gobernaba aquellas tierras del Mediterráneo oriental. En nuestra cultura occidental cristiana la tradición de la presentación del niño Jesús en el templo, marca una de las fiestas religiosas más atesoradas en la tradición religiosa; es la ocasión cuando la Virgen María se presenta purificada del pecado y, a la vez, presenta ante el Señor al niño que redimirá las penurias de su pueblo en su momento oportuno. De acuerdo con Lucas, aquella ley de Moisés se cumplió al pie de la letra en las figuras de María y del niño.

---

2 Lc 2: 22.
3 Lc 2: 28- 32.

La fecha del 2 de febrero reviste, además, una gran importancia para las comunidades cristianas. Ese día se celebra la fiesta de Nuestra Señora de la Candelaria. La iglesia primitiva celebraba este acontecimiento con gran gozo y alegría. Hacia el siglo VI sucedió en tierras orientales (Constantinopla) una gran pandemia que asoló a ciudades orientales, por lo que el emperador romano oriental, Justiniano, en acción de gracias por el fin de aquella calamidad oficializó la fiesta en Oriente. Se cree que hacia el siglo VII se introduce la celebración oficial en la iglesia romana occidental bajo el papado de Sergio I.

No obstante, la fiesta de la presentación del Niño Jesús en el templo ha sido parte de una tradición histórica de mucha relevancia en el mundo católico, que lo ha vinculado a la celebración de Nuestra Señora de la Candelaria. La historia de esta celebración eclesial cada 2 de febrero está vinculada a la historia de las Islas Canarias, localizadas en el Atlántico y perteneciente al reino de España en el noroccidente del continente africano. De ahí, eventualmente, su vinculación con Puerto Rico desde tiempos coloniales.

De acuerdo con la tradición histórica, en el año 1392, finales del siglo XIV, la Virgen, en forma de imagen, se les apareció a dos aborígenes de dichas islas vinculados a los pueblos guanches, quienes en ese momento pastoreaban su rebaño. 'Guanche' es el nombre que se les da a los antiguos aborígenes de las

Islas Canarias, aunque también se les ha relacionado con los bereberes del norte de África. Aquellos dos pastores quienes en ese momento pastoreaban su rebaño, al parecer se les hacía sumamente difícil encausarlos con el propósito de proceder a encerrarlos luego de ser alimentados. De repente, uno de ellos vio en el barranco la imagen de una pequeña figura que yacía sobre una roca, casi a la orilla del mar. Cuenta la tradición que aquellos pastores se asustaron y comenzaron a acuchillarla quedando uno de ellos inmóvil de una mano y el otro se hirió con su propia arma blanca. Luego regresaron al lugar y tocaron la imagen quedando ambos pastores sanos.

No fue hasta el año de 1526 cuando fue reconocida por los españoles como la imagen de la Virgen de Nuestra Señora de la Candelaria, convirtiéndose en la patrona de dichas islas. Fray Alonso de Espinosa fue quien registró el milagro atribuido a la Virgen de la Candelaria y la tradición que allí se había levantado.

He querido narrar estos eventos para plasmar lo que es la tradición histórica– religiosa, por un lado, los acontecimientos que nos narra Lucas en su libro que aparece en el Nuevo Testamento y, por el otro, la narración popular de los eventos acaecidos en el siglo XIV en dichas islas, hechos que demuestran el desarrollo de la historia de la humanidad.

La celebración del día de la Virgen de Nuestra Señora de la Candelaria llegó a los pueblos de América, especialmente a Sudamérica, casi a inicios de la colonización española en el siglo XVI. Los territorios del río de La Plata (Paraguay, Argentina), fueron los primeros lugares en ver el desarrollo de dicha fiesta patronal. Posteriormente, en los territorios de Bolivia, Colombia y Chile esta tradición fue tomando arraigo convirtiéndose en una gran devoción. Aunque la migración canaria hacia América a principios de la colonización al parecer no fue tan marcada como lo sería tiempo después, la devoción fue importada hacia la América colonial por aquellos primeros colonos, principalmente los Jesuitas quienes establecieron sus misiones entre los aborígenes de suramericanos.

A Puerto Rico, se sabe, que llegaron en el tiempo de la colonización pobladores de distintos lugares de la península ibérica. Es muy probable que hayan llegado entre estos canarios provenientes de aquel archipiélago atlántico, aunque la gran migración canaria hacia la Isla se produjo entrado el siglo XIX. Hombres, mujeres, niños, clérigos, soldados y funcionarios del estado, llegaron a la Isla en la búsqueda de riquezas en tierras agrícolas entusiasmados por las bondades de varios decretos reales, entre estos, el de la Real Cédula de Gracias de 1815. A lo largo de aquel siglo XIX, después de la expiración de dicha cédula, siguieron llegando, dedicándose, muchos de

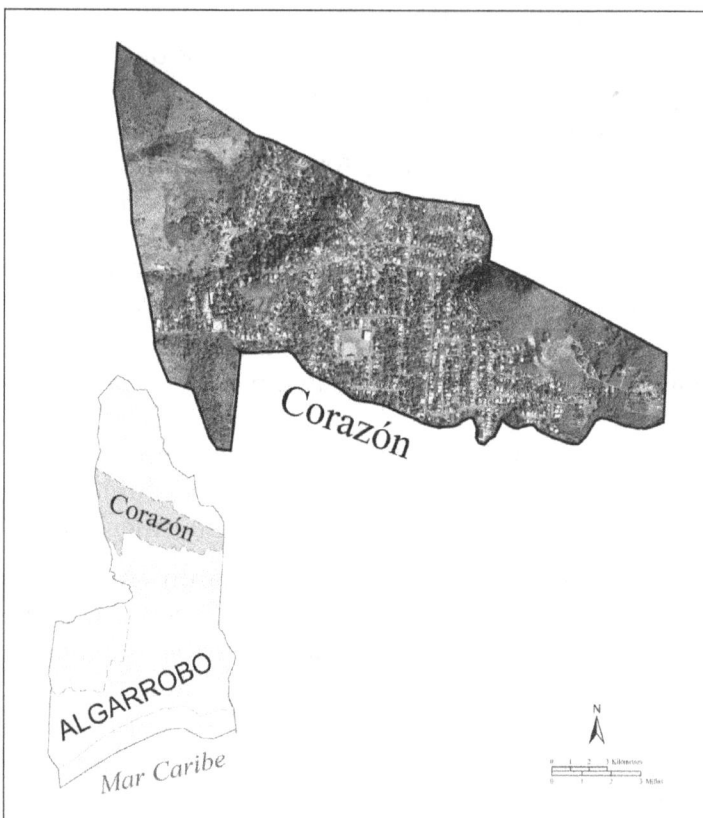

1. Sector Corazón en el barrio Algarrobo, Guayama.

estos, a la siembra de la caña de azúcar, café, tabaco y a la crianza de ganado vacuno y caballar. Tanto en la montaña puertorriqueña como en la costa se encuentra la presencia de estos grupos.

La zona sur de Puerto Rico fue uno de esos lugares donde la presencia canaria se dejó sentir a lo largo de aquel siglo. Municipios como Patillas, Yauco, Ponce, Guayama, entre otros, fueron los lugares de residencia definitiva para muchos de estos, por lo que la tradición de advocación de la Virgen de Nuestra Señora de la Candelaria fue arraigándose entre nuestros ciudadanos.

Guayama no sería la excepción. Muchos de estos migrantes llegaron a esta ciudad motivados por las riquezas agrícolas que proporcionaba. Con ella, llegó la celebración a uno de los sectores rurales de la ciudad, convirtiéndose en una gran celebración y jubileo. Me refiero al sector Corazón del barrio Algarrobo del término municipal de Guayama.

Hace más de ciento cuarenta años, la imagen de la Virgen de Nuestra Señora de la Candelaria llegó a la montaña del barrio de la mano, según la tradición oral, del señor Juan José del Carmen de Jesús, quien era un migrante canario y le había confiado a la Virgen dicha comunidad. Con el pasar del tiempo, la devoción hacia la Virgen de Nuestra Señora de la Candelaria, la convirtió en la patrona del barrio consagrando la capilla a su advocación.

Este trabajo está basado en entrevistas realizadas en el año 1994 a devotos de la Virgen y organizadores de la fiesta patronal. Entre estos destacamos las entrevistas al señor Ventura Gómez Vázquez y a las señoras Bernardina Berríos (Minín) y Lucy Rodríguez y Carmen Gómez. En el caso de Minín y Lucy, desde niñas, han sido devotas de la Virgen, insertándose en los preparativos y eventos que conducen a la celebración del 2 de febrero. Cabe destacar que esta celebración no se limita solamente al 2 de febrero, sino que desde mediados y finales del mes de enero, comienza su novenario donde se reza y se canta a la virgencita vestida de rojo y blanco. En la actualidad, la fiesta es preparada por la quinta y sexta generación de las familias originales que, a su vez, heredaron la tradición de sus padres y abuelos. Esto adquiere una gran relevancia y significado pues evita que la veneración y la fiesta no caiga en el olvido ante los embates de la tecnología y la modernidad. Eso es lo que hace significativa a esta comunidad que ha abrazado esta devoción.

Como destaqué, desde mediados de enero (aproximadamente desde el día 24) y hasta el 1 de febrero se lleva a cabo, como parte de esta celebración mariana, el *novenario*, un ritual que considero interesante y posiblemente único en Puerto Rico. Los cánticos o las letanías se realizan en latín, el idioma de la antigua Roma. La procesión de la imagen de la Virgen por las calles de la comunidad el 2 de febrero al atardecer; la fogata que se enciende como símbolo de la purificación y la preparación de la fiesta y de la imagen de la virgencita con la confección de su traje rojo y blanco, hacen del 2 de febrero una fiesta inigualable. Para los que vivimos en la costa, los fuegos en los cañaverales y la quema de los pastizales y las montañas para estas fechas evocan ese pasado que nos incita a celebrar esta tradición religiosa arraigada

2. Procesión de la Virgen de la Candelaria.

en nosotros y heredadas de la cultura española.

Es por ello, por lo que esta fiesta patronal reviste una importancia extraordinaria en la vida comunal que no debe dejarse a un lado. Todo lo contrario, la Virgen de Nuestra Señora de la Candelaria debe seguir siendo motivo de orgullo para esta centenaria comunidad, y no debe quedar en el olvido.

Según lo que sabemos, fue hacia el 1880 que se trajo a la montaña de Corazón por primera vez la imagen de la pequeña virgen. Desde entonces, ha sido su protectora en tiempos de movimientos telúricos, de pandemias, de inclemencias del tiempo y de otros eventos que han afectado el devenir histórico tanto de la comunidad como de la ciudad. Se acude a ella, se tiene fe en ella, y es fuente de inspiración que da energías para seguir en la lucha del diario vivir.

3. La procesión entrando a la capilla.

Como dice parte de su himno: *"Ilumínanos siempre desde tu lindo altar."*

I. CELEBRACIÓN EN PUERTO RICO

El día de la Virgen de Nuestra Señora de la Candelaria se festeja en varias ciudades de nuestro País. Mayagüez, Lajas, Manatí y Coamo celebran este día en honor a su patrona. En Coamo, la Virgen de la Candelaria es acompañada por la festividad en honor a San Blás.

La advocación a la Virgen de Nuestra Señora de la Candelaria, como destaqué anteriormente, tuvo

4. Iglesia de San Blas de Illescas, Coamo.

una gran influencia canaria. En Mayagüez, ciudad al oeste de Puerto Rico, el historiador Fernando Bayrón Toro, nos relata en su libro *Mayagüez: Temas de su historia y geografía*, que se tiene conocimiento de que en dicha ciudad se veneraba a la virgen desde antes de 1729, es decir, mucho antes de la fundación oficial del pueblo. De hecho, a aquella Villa se llamó originalmente con el nombre de la Villa de Nuestra Señora de la Candelaria[4]. De igual forma, la fundación de la ciudad de Manatí, también en el siglo XVIII, se reconoce la advocación de los habitantes hacia la Virgen

5. Catedral Nuestra Señora de la Candelaria, Mayagüez.

4 Fernando Bayrón Toro, *Mayagüez: Temas de su historia y geografía.* (Mayagüez, Puerto Rico: Editorial del Museo Eugenio María de Hostos Municipio de Mayagüez, 2013), p. 39.

de Nuestra Señora de la Candelaria, a la que se le encomendó su parroquia en este tiempo[5]. En el municipio costero de Lajas, hacia el siglo XIX, se autorizó la fundación de este bajo la advocación parroquial de la Virgen de Nuestra Señora de la Candelaria; sin embargo, cabe destacar que, al parecer, se veneraba a la virgen desde finales del siglo XVIII[6]. No fue hasta el 1883 que Lajas advino como municipio siendo segregado de la jurisdicción de San Germán, y en 1884 su parroquia católica fue separada de la de San Germán bajo la advocación de la Virgen de Nuestra Señora de la Candelaria[7].

Aunque no es la advocación oficial de la ciudad de Toa Baja, en su ese territorio municipal, se había construido hacia el siglo XVIII una pequeña ermita en terrenos de la antigua hacienda azucarera El Plantaje, por lo que esa ermita levantada en ese lugar se le dedicó a la Virgen de Nuestra Señora de la Candelaria. Ese lugar sirvió para que años más tarde los habitantes de lo que sería el sector de Palo Seco utilizaran

---

5 Carmelo Rosario Natal, *Manatí en el siglo XVIII: Economía, sociedad y vida cotidiana.* (San Juan de Puerto Rico: Producciones Históricas, 2013), pp. 14- 15.

6 Véase resumen histórico del municipio de Lajas en: http://www.agencias.pr.gov/municipio/Lajas/sobrelajass/Pages/IglesiaNuestraSenora-delaCandelaria.aspx

7 Véase copia del expediente suscrito por el obispo Juan Antonio Puig y Monserrat expedido el 20 de agosto de 1884, declarando la parroquia católica de Lajas bajo la advocación de la Virgen de Nuestra Señora de la Candelaria en: Mario F. Pagán, *Historia de Lajas (1883- 1983).* (Mayagüez, Puerto Rico: Imprenta Negrón Martín, 1983), p. 141.

la mismas para oficiar los rituales católicos. Hoy día las ruinas de la ermita forman parte del Registro Nacional de Lugares Históricos de los Estados Unidos[8]. Tenemos conocimiento de que cada 2 de febrero se celebra la liturgia en ese lugar, pero no como el ritual del barrio Corazón de Guayama.

Aunque en estos municipios, excepto Toa Baja, combinan la fiesta religiosa en honor a la patrona durante diez días, celebrando distintos eventos artísticos y culturales que no pueden faltar como parte de las costumbres en cada una de las ciudades.

Sin embargo, el que una comunidad, como la del barrio Corazón de Guayama, acoja una celebración en honor a la Virgen María en la advocación de Nuestra Señora de la Candelaria es de por sí interesante; más aún, cuando la ciudad se fundó en 1736 bajo la advocación de San Antonio de Padua. Dicha celebración litúrgica ha permanecido intacta, gracias a la fe y a los testimonios de esperanza y valor que le imprimen los creyentes que han evitado que la misma desaparezca.

---

8 Véase el Registro y los documentos de recomendación del National Parks Service en: https://www.nps.gov/nr/feature/places/pdfs/15000398.pdf. Un dato interesante de esta hacienda El Plantío, es que perteneció originalmente en el siglo XVIII a Miguel Enríquez, mulato, criollo, de profesión zapatero, y quien se convirtió en el hombre más rico de San Juan, gracias a las patentes de corso otorgados por la corona, con el propósito de interceptar barcos enemigos de España en alta mar cerca de Puerto Rico.

6. Capilla Nuestra Señora de la Candelaria, Corazón, Guayama.

II. Celebración de la Virgen de la Candelaria en el barrio Corazón de Guayama

Nuestros campos están llenos de testimonios que deben ser recogidos y dados a conocer por la importancia e impacto que han tenido en nuestro quehacer histórico. Guayama, ciudad localizada al sureste de Puerto Rico, guarda tradiciones y costumbres de siempre. Desde los tiempos de la esclavitud, la ciudad ha sido testigo mudo de innumerables transformaciones en su vida colectiva. Ayer era zona agrícola, ganadero, cañero, hoy es un área industrial, comercial y próspera donde se confunde lo tradicional y lo moderno.

7. Paisaje de Guayama visto desde el barrio Machete.

En el barrio Corazón de Guayama se conserva una de las tradiciones religiosas donde el fervor popular ha jugado un papel importante para la comunidad. Cada año, luego de las fiestas de la Natividad del Señor los vecinos y devotos de la Virgen de Nuestra Señora de la Candelaria se preparan para conmemorar la fiesta del 2 de febrero.

Localizada en la zona geográfica del barrio conocido como Algarrobos, y colindando con el vecino municipio de Arroyo, el barrio Corazón viene celebrando esta festividad religiosa por más de ciento cuarenta años. La comunidad del Corazón de Guayama, de acuerdo con el censo poblacional de 2010, contaba con 2,131 habitantes, 794 habitantes menos que los registrados en el censo del año 2000. Sin embargo, en el censo de 1990 la comunidad contaba con una población total de 2,747. Otro dato que no podemos pasar por alto está relacionado con el número de unidades de vivienda. De acuerdo con el censo de 2010 el número total de viviendas en la comunidad del Corazón era 959, esto significa 27 unidades de viviendas menos con respecto al censo del año 2000.

Todo comenzó, según la tradición oral que ha llegado hasta nuestros días que dan constancia de la advocación y que recogen los feligreses y devotos de la Virgen, a la montaña de la comunidad había llegado un señor de nombre Juan José (del Carmen) de Jesús. De acuerdo con los datos que tenemos sobre

18

él, era oriundo de las Islas Canarias, se había radicado en el municipio de Arroyo. Es muy probable que este inmigrante canario se dedicara a la agricultura, especialmente al cultivo de la caña de azúcar o a la ganadería. Se le atribuye que haya llevado la imagen de la Virgen de Nuestra Señora de la Candelaria a la montaña de la localidad, donde antes habían residido los primeros pobladores de lo que sería el barrio Corazón de Guayama. Se cree que la llevó con el propósito de que se venerara y se convirtiera en la patrona y protectora del barrio.

Desde entonces, la Virgen de Nuestra Señora de la Candelaria ha sido guía y luz para los residentes del barrio Corazón de Guayama. A partir del 24 de enero de cada año, los vecinos se preparan para rezar el santo rosario durante nueve noches, actividad que se realiza en la capilla. Cada noche, se congregan un grupo de feligreses y devotos de la Virgen donde, además, cantan las letanías en latín.

Se le atribuye a Vicente Vázquez el haber realizado una promesa: llevar la imagen de la Virgen, casa por casa, a los habitantes en la montaña. Ya hacia finales del siglo XIX era venerada por los residentes convirtiéndose, con el pasar del tiempo, en la patrona de la comunidad. Después del año de 1940 se había iniciado el primer reparto de parcelas en los terrenos llanos del sector y los residentes que habitaban en la montaña abandonaron el lugar trasladándose a los nuevos terrenos. Este proyecto de repartición de parcelas formó parte de los proyectos impulsados desde la legislatura por el Partido Popular Democrático. De hecho, desde 1942 hasta 1963 la repartición de parcelas en la comunidad Corazón fue de 222, que luego, y a medida que iba creciendo la población en la comunidad, fueron muchos más los terrenos cedidos para viviendas. Los mismos fueron otorgados bajo las disposiciones de la Ley de Tierras de 1941, específicamente los Títulos IV y V de dicho ordenamiento jurídico[9].

Las celebraciones religiosas siempre conllevan un ritual. Durante esas nueve noches se reza el rosario. El día de la celebración, el 2 de febrero, en tiempos pasados la imagen de la Virgen de Nuestra Señora de la Candelaria era llevada al templo parroquial San Antonio de Padua de Guayama, temprano en la mañana, por la carretera que conduce hacia el Caimital y luego por la carretera 15 hacia el centro histórico de la ciudad, y se dejaba en el altar mayor hasta el mediodía. Hoy día, esa parte de la celebración ha sido obviada por las distintas situaciones de la vida moderna.

Como parte de la festividad religiosa hay un elemento que lo hace especial en comparación con otras celebraciones marianas en Puerto Rico: las letanías

---

9 Rafael Rodríguez Vargas, *El hombre de la azada en Puerto Rico: Opresión y libertad*. (San Juan, Puerto Rico: Talleres de Bibliográficas, 2019), p. 415.

son cantadas en el latín. De hecho, los cánticos están recogidos en un panfleto que se le brinda a la feligresía durante los días de celebración para que sigan ese ritmo de la cantata. Es interesante anotar que es, posiblemente, uno de los pocos lugares donde se utiliza el latín en un cántico, dentro del rito católico.

8. Iglesia San Antonio de Padua, Guayama.

No solamente se canta en el novenario, sino que en la celebración eucarística también se manifiestan dichos cánticos. De acuerdo con los testimonios, dicha tradición cantada en latín se ha realizado desde tiempos inmemoriales. Posiblemente desde los inicios de la fiesta patronal en la comunidad.

Un grupo de fieles y devotos de la Virgen de Nuestra Señora de la Candelaria encabezados por Lucy Rodríguez, vecina de la comunidad de Corazón, y devota desde niña de la Virgen, se dieron a la tarea de recoger las letanías, transcribiéndolas. Las mismas fueron recopiladas por los relatos de las personas mayores quienes, a su vez, las aprendieron de sus padres, abuelos y otros familiares.

A continuación, presento las letanías tal y como fueron recogidas, al lado derecho su traducción tal y como se escriben en latín.

CRISTELEISON	(KYRIE, ELEISON)
CRISTELEISON	(CHRISTE, ELEISON)
CRISTELEISON (Miserinovis)	(KYRIE, ELEISON) (Míserére Nobis)
CRISTELISAUDINO	(CHRISTE, AUDI NOS)
PASTELISEDEO	(PATER DE CAELIS DEUS)
REDENTOR MUNDIDEO	(FILI, REDEMTOR MUNDI DEUS)
ESPIRITU SANTO Y DEO	(SPIRITUS SANCTE DEUS)
SANTA TRENITACION Y DEO	(SANCTA TRINITAS, UNUS DEUS)
SANTA MARIA (Orapronovis)	(SANCTA MARIA) (Ora pronobis)
SANTA DE JENITRI	(SANCTA DEI GENETRIX)
SANTA DILGOVIRGENES	(SANCTA VIRGO VIRGINUM)
MATEL CRISTEN	(MATER, CHRISTI)
MATEL DIVINO GRACIA	(MATER, DIVINAE GRATIAE)
MATEL PURISIMO	(MATER PURISSIMA)
MATEL CASTISIMO	(MATER CASTISSIMA)
MATEL LA INVIOLATA	(MATER LNVIOLATA)
MATEL LA INTERMERATA	(MATER INTEMERATA)
MATEL LA INMACULATA	(MATER INMACULATA)

Celebración de la Virgen de la Candelaria en el barrio Corazón de Guayama

MATER AZMAVILE	(MATER AMABILIS)
MATEL INVERAVILE	(MATER AMIRABILIS)
MATEL CRIA TORO	(MATER CREATORIS)
MATEL SALVA TORO	(MATER SALVATORIS)
VIRGEN PRUDENTISIMA	(VIRGO PRUDENTISISSIMA
VIRGEN VENERANDA	(VIRGO VENERANDA)
VIRGEN PREDICANDA	(VIRGO PRAEDICANDA)
VIRGEN POSTELES	(VIRGO POTENS)
VIRGEN CLEMEN	(VIRGO CLEMENS)
VIRGEN FIDELE	(VIRGO FIDELIS)
EFECULE AUSTICIA	(SPECULUM JUSTITIAE)
SALE SALPIESE	(SEDE SAPIENTIAE)
CAUSA LA CELESTICIA	(CAUSA NOSTRAE LAETITIAE)
VASO ESPIRITUALES	(VAS SPIRITUALE)
VASO INORABILE	(VAS HONORABILE)
VASO INSIGNE DE DEVOCIONES	(VASI NSIGNE DEVOTIONIS)
ROSA MISTICA	(ROSA MYSTICA)
TURIDA VIDICA	(TURRIS DAVIDICA)
TURNIA SEVONIA	(TURRIS ABURNEA)
DOMINO AUREA	(DOMUS AUREA)
SELE Y ARCA	(FOEDERIS ARCA)
YANUA SELE	(JAUNA CAELI)
ESTERLLA MATUTINA	(STELLA MATUTINA)
SALUS ENFERMORO	(SALUS INFORMORUM)

23

REFUGIO EL PECATORIO	(REFUGIUM PECCATORUM)
CONSOLATE SAN ISITORO	(CONSOLATRIX ALLICTORUM)
AUSINIA ESCRISTEANORO	(AUXILIUM CHIRSTIANORUM)
REGINA ANGELORO	(REGINA ANGELORUM)
REGINA PARTIACARO	(REGINA PATRIARCHARUM)
REGINA PROFETARO	(REGINA PROPHETARUM)
REGINA POSTELORO	(REGINA APOSTOLORUM)
REGINA MARTIRE	(REGINA MARTYRUM)
REGINA CONFESORO	(REGINA CONFESSORUM)
REGINA VIRGENO	(REGINA VIRGINUM)
REGINA SANTA LUNARA	(REGINA SANTORUM OMNIUM)
SACRATISIMO DEL ROSARIO	(REGINA SACRATISSIMI ROSARII)

Y A NUS DEY QUITOLE   (AGNUS DEI, QUI TOLLIS)
Y A SUS DEY QUITOLE   (AGNUS DEI, QUI TOLLIS)
HAY QUITOLE PECATAMUNDI (QUI TOLLIS PECCATA MUNDI)
                    (Miserinovi)

Y A NUS DEY QUITOLE   (PECATAMUNDI,PARCE NOBIS DOMINE)
Y A NUS DEY QUITOLE (PECATAMUNDI EXAUDINOS DOMINE)
HAY QUITOLE PECATAMUNDI (PECATAMUNDI MISERE NOBIS)
                    (Miserinovi)

Y A NUS DEY
QUITOLE Y A NUS
DEY QUITOLE
HAY QUITOLE PECATAMUNDI (Pasion y Domine)

9. Virgen de la Candelaria, Corazón, Guayama.

Un buen ejemplo de cómo se cantan estas letras nos la brinda Ventura Gómez, a quien entrevistamos y nos regala una parte de este cántico.

Como parte de la procesión, las niñas que participan se visten con el atuendo rojo y blanco que son los colores de la Virgen. Además, se le confecciona un traje nuevo cada año a la virgencita, el cual estuvo a cargo por muchos años de Bernardina Berríos Morales (Minín). Hoy día nuevas generaciones se han hecho cargo de confeccionar el traje 'rojo y blanco' que luce la imagen de la virgen.

Otro aspecto de la celebración es la realización ese día 2 de febrero de una fogata, en la cual se realizan cánticos alrededor de la misma. También es importante el pago de las promesa hechas a la virgen, por los favores que les ha concedido a sus fieles. La inspiración popular siempre ha sido un factor importante que le imprime una mística positiva para que las costumbres permanezcan entre nosotros.

El historiador guayamés, Prof. Francisco García Boyrié, relató parte de la historia de este fervor religioso en el barrio Corazón de Guayama en este poema.

Fiesta de la Candelaria

Fogatas y luminarias
luz en valles y montañas.
Fiesta de la Candelaria
es del pueblo la devoción.
Virgen del rojo ataviada en
sentido de oración Virgen
de la Candelaria de los fieles
devoción, cantar sentidas
plegarías con fervor y
contrición.

Virgen de la Candelaria
devotos en procesión,
acuden de todas partes al
barrio del Corazón.
Virgen de la Candelaria
en febrero del día dos, las
niñas te rinden culto con
sus hábitos punzó.

Antaño en humilde ermita
aguardaba la ocasión,
de escuchar la Letanía
cantada con sacra unción. La
noche en vela cantando con
entusiasmo y amor y, al
amanecer los fieles
te alaban con mucho ardor.

Cantando Santa María,
cantando Madre de Dios, la
virgen llegaba al pueblo en
sagrada procesión.

Las doce. Y, el pueblo alegre,
pletórico de emoción
Calle Duques, de regreso
camino del Corazón.
El coro va contestando, Quirie
lei son. Quirie lei son. El sol
candente o la lluvia no hacen
mella en el fervor.

Ya de regreso a su ermita la
Virgen del Corazón,
agradecida a sus fieles
devotos por tradición.
Fiesta de la Candelaria
señal de pueblo e iglesia
Fiesta de la Candelaria por
ti, se ora y se reza.

También esa inspiración popular ha llevado a
componer un himno en honor a la Virgen de Nuestra
Señora de la Candelaria, compuesto por un joven residente y fiel creyente.

Himno
Patrona de mi barrio
Virgen de la Candelaria
Esta humilde plegaria
Te la dedico a ti
Con tu manto tan bello
Resplandece el altar.
A ti mi virgencita
He venido a cantar.

CELEBRACIÓN DE LA VIRGEN DE LA CANDELARIA
EN EL BARRIO CORAZÓN DE GUAYAMA

A ti mi virgencita
He venido a cantar.
Virgen de la
Candelaria Estaré
junto a ti
Virgencita de mi
alma apiádate de
mi Virgencita
chiquita, pero
grande en bondad.
Ilumínanos siempre
Desde tu lindo
altar.

Todos van junto a ti
A pedirte en silencio
Que los protejas siempre
Y que veles sus sueños
Mi patrona tan linda
Mi patrona de amor.
Patrona de mi alma
Dame tu bendición.
Patrona de mi alma
Dame tu bendición.

III. Transcripción entrevistas sobre la Virgen de la Candelaria

1. Entrevista a don Ventura Gómez Vázquez, residente del barrio Corazón de Guayama, Puerto Rico.

Fecha: viernes 8 de abril de 1994

Pregunta: Alexis O. Tirado Rivera (A.O.T.R.)

Contesta: Sr. Ventura Gómez Vázquez. (V.G.V.)

A. Tirado Rivera: Su nombre y su edad, por favor.

V. Gómez Vázquez: Pues Ventura Gómez Vázquez

A.O.T.R.: ¿Cuántos años tiene?

V.G.V.: Setenta y ocho años.

A.O.T.R.: Don Ventura, usted recuerda de su niñez la tradición de la Virgen de la Candelaria, ¿cómo era que se celebraba en aquel tiempo?

V.G.V.: Sí, en aquel tiempo ... pues no era como es ahora, en aquel tiempo había una capillita en el Corazón allá y allí se celebraba el día de la Candelaria se celebraba la noche al amanecer al día se llevaba al pueblo. Pero luego después las personalidades que había allí, borrachones y mal entendidos, pues los Sacerdotes ordenaron que no se podía llevar más al pueblo. Pues recuerdo que una vez íbamos con la Candelaria, con

la Virgen, y allí encontramos frente allí donde vive
Mazán, una pelea con dos mujeres a sombrillazo lim-
pio por los novios y no sé qué más. Entonces, de ahí
sucedió que los Sacerdotes, Padre Carlos, Dios me lo
bendiga donde quiera que esté, pues los párrocos y
todos los demás de la Iglesia, pues se ordenó que no
se podía llevar la virgen al pueblo, a la Catedral de
Guayama.

A.O.T.R.: ¿Usted cantaba las letanías?

V.G.V.: Sí.

A.O.T.R.: ¿Cómo más o menos?

V.G.V.: Sí. pero este el rosario comenzaba como se
reza, como se canta actualmente.

"DIOS TE SALVE MARIA LLENA ERES DE GRA-
CIA EL SEÑOR ES CONTIGO. BENDITA ERES EN-
TRE TODAS LAS MUJERES. AY BENDITO SEAS
FRUTO DE TU VIENTRE JESUS ....

y así seguían; y entonces yo tocaba la guitarra, una
guitarrita ... que tenía porque antes era muy pobre.

A.O.T.R.: Oiga y las letanías en latín., ¿usted se
acuerda?

V.G.V.: sí.

A.O.T.R.: ¿Cómo era si nos la puede cantar? De lo que
usted recuerde.

V.G.V.: CANTICO EN LATIN

A.O.T.R.: Oiga don Ventura, la tradición ¿usted ha visto que ha ido perdiendo?

¿Cómo usted lo compara ahora en 1994 vis a vis los años 1936, 1940; para la época de Muñoz?

V.G.V.: Sabe cómo yo lo comparo. Aquellos tiempos fueron tiempos antiguos que ya han pasado ahora estamos en una nueva tradición, y es por eso que todo ha cambiado.

A.O.T.R.: Don Ventura a lo mejor usted recuerde, usted sabe que en todas estas tradiciones hay promesas que se cumplen, le piden a la virgen, ¿usted recuerda alguna promesa?

V.G.V.: Sí. recuerdo algunas y muchas.

A.O.T.R.: Díganos alguna de esas.

V.G.V.: Sabe cuál recuerdo. Recuerdo una cuando venía una gente de Blondet vestido con traje de saco a pagar las promesas y esas promesas eran cumplidas. Entonces nadie criticó eso.

A.O.T.R.: Alguien le comentó en qué consistía la promesa.

V.G.V.: No. Nadie. Ahora mismo yo debo una promesa tengo que cumplirla; yo estuve unos meses por allá fuera me vi mal, pero como yo soy católico la santísima virgen María Sagrado Corazón de Jesús para mí es lo más sagrado. Y yo pues, esa promesa yo la mandé de enviar siete ($7.00) dólares en nombre de sufragio de para el Sagrado Corazón de Jesús y la virgen María, y tengo que cumplirla. Y tengo el dinero para mandarla. Se lo voy a dar a mí hija.

A.O.T.R.: Eso fue todos los años, o es por este momento, o sea. ahora. ¿De cuándo viene esa promesa?

V.G.V.: La que yo hice; cuando ya estaba allá afuera, sí porque me vi malísimo y yo llamando a mi hija por teléfono y escribiéndole carta ella me ayudó mucho. Ese es un gran favor que, después de la santísima Virgen María y del Padre celestial, se lo debo a ella y a él su querido esposo, Pascual.

A.O.T.R.: O sea por lo que yo veo usted le agradece mucho a la virgen y tiene esa devoción firme.

V.G.V.: Esa es la que me tiene vivo. Esa es la que me tiene vivo a mí. Sino yo hubiera muerto hace rato. La virgen María desde que yo tenía seis años, es más recuerdo que mi papá bastante fuetazo nos dio porque nos quedábamos dormido dando el rosario, mi querido padre Eugenio Gómez.

Estas personas del barrio mi compadre y la comadre, el compadre "Golo" y toda esa gente, son gente católica que para mí es el tesoro más grande que hay en el barrio.

A.O.T.R.: Don Ventura, ¿Usted recuerda la procesión antes?

V.G.V.: Sí, claro que la recuerdo.

A.O.T.R.: En algún momento de la procesión, ¿se prendían fogatas?

V.G.V.: ... no en la procesión no se prenden fogatas. Se prendían el mismo día 2.

A.O.T.R.: ¿Cuál usted entiende es el propósito de la fogata?

V.G.V.: Bueno el propósito de esa fogata, es porque se eligieron el día de la Candelaria. porque ese día se adora con tanta devoción que también se prende fogatas.

(Sra. Lucy Rodríguez): Tenemos el privilegio de esta celebración en un día bien especial universal para la Iglesia.

V.G.V.: Para mí eso es lo más sagrado.

A.O.T.R.: ¿Siempre ha estado desde pequeño?

V.G.V.: Siempre, siempre, siempre. Pero el amor a mi Padre Celestial nuestro Señor Jesucristo a la virgen María" eso es para mí, bueno lo más sagrado del mundo, eso es lo que me tiene vivo a mí.

Yo vivo solo en aquella casa, tengo mi hija porque ella es mi hija y me quiere y me adora, pero este primero es mi santa devoción que comida. Sí ...

A.O.T.R.: ¿Usted quiere que la tradición permanezca?

V.G.V.: Sí. Todo el tiempo.

A.O.T.R.: Don Ventura cántenos nuevamente EL ROSARIO.

V.G.V.: (CANTA PARTE DEL ROSARIO)

A.O.T.R.: Don Ventura, cántenos las letanías.

V.G.V.: (CANTA PARTE DE LAS LETANIAS)

A.O.T.R.: Don Ventura usted que ha vivido aquí toda su vida en el Barrio Corazón de Guayama en sus 78 años de vida que ... sea relevante en la comunidad.

V.G.V.: Lo que yo reconozco ... es que desde que ... nuestro querido Don Luis Muñoz Marín, cogió el Partido Popular para nosotros esto ha sido, y sabe porque, porque lo mandó para nosotros y sabe por qué; mire yo recuerdo que yo trabajando en la caña había veces que para ganarnos una peseta, dándole a los bueyes recogiendo [caña] tenía que luchar duro, y entonces para el 36, ... cuando Muñoz Marín ganó en 1940, cuando ganó el Partido Popular, este el mayordomo que teníamos que se llamaba Benigno Torres de la colonia Monserrate.

Entonces, él nos dijo un día que por aquí no va a pasar la ley de Muñoz Marín porque yo voy a cerrar los portones. Y a los tres días cuando aparece la ley de Muñoz Marín de salario mínimo de un peso ($1.00) por día, ... un dólar por día, había que trabajar 8 horas. Entonces después pues dijo "ah la ley de salario mínimo me pasó y Muñoz Marín ganó ... tienen que trabajar 8 horas por día y a peso, pero hay que trabajar duro", así nos tuvieron y yo muerto de la risa.

Don Luis Muñoz Marín es el padre de nosotros lo queremos. Después fue Hernández Colón que esa fue la nobleza más grande que nosotros tuvimos.

A.O.T.R.: ¿Don ventura algún acontecimiento en el barrio, aparte de la Historia del Partido Popular, algún acontecimiento en el barrio como tal ...?

V.G.V.: No muchos.

A.O.T.R.: ¿Usted tiene conocimiento de alguna aparición de la Virgen de la Candelaria en el barrio?

V.G.V.: Aquí no. Y yo creo en eso y estoy más seguro de eso.

(Sra. Lucy Rodríguez): Sobre un temblor en el cerro. Usted recuerda eso, ¿cuando se celebraba la tradición en el cerro?

V.G.V.: No recuerdo, porque nací en el 1917 y eso ocurrió en el 18; pero mi papá me contó sobre eso.

2. Transcripción entrevista a la Sra. Bernardina Berríos y a la Sra. Lucy Rodríguez, residentes del barrio Corazón de Guayama e integrantes del comité organizador de la celebración.

Realizada el viernes, 8 de abril de 1994.

Alexis O. Tirado Rivera: (A.O.T.R.)

Bernardina Berríos Morales: (B.B.M.)

Lucy Rodríguez: (L.R.)

A.O.T.R.: Hoy es 8 de abril de 1994, me encuentro en la residencia de doña Minín, Bernardina Berríos, en el barrio Corazón de Guayama. Me acompaña la Sra. Lucy Rodríguez. Doña Minín como cariñosamente le conocemos, para fines de record nos da su nombre, edad, y su lugar de nacimiento.

B.B.M.: Mi nombre es Bernardina Berríos Morales, nací el 3 de abril de 1938, nací en Guayama.

A.O.T.R.: ¿Nació aquí en el sector del barrio Corazón?

B.B.M.: Sí. En el sector viejo.

A.O.T.R.: Más o menos, ¿dónde quedaba ese sector?

B.B.M.: Por donde está la ferretería Hnos. Gómez. Al frente.

A.O.T.R.: ¿Recuerda su niñez en ese sector?

B.B.M.: Sí, hasta los 21 años viví allí.

A.O.T.R.: Cuénteme algo sobre la comunidad, si le dijeron desde pequeña cómo se fundó, a través de su papá, mamá, abuelos, tíos alguien que le haya contado sobre la fundación del barrio Corazón.

B.B.M.: Bueno yo en cuanto a la fundación que yo recuerde cuando era pequeña no había luz en el barrio, me acuerdo que había casitas que eran bien pobrecitas de paja ... esas casas yo las llegué a ver y mi papá me contaba que cuando más joven vivió en una de esas casitas. Y me acuerdo también que no había agua en las casas y había que ir a buscar a unas plumas ... plumas públicas. Yo iba a buscar agua con mi hermano para todos cargar el agua a diario.

A.O.T.R.: ¿Usted recuerda algún acontecimiento importante en la comunidad, suceso que le impactó ya bien sea en su niñez, juventud o que le hayan contado?

B.B.M.: No. Sólo sucesos cuando ya más adulta.

A.O.T.R.: Uno de los propósitos de esta entrevista es conocer sobre la tradición en el barrio Corazón de Guayama una tradición religiosa que es uno de los pocos lugares que yo conozca en Puerto Rico, que tengamos conocimiento, que una virgen, su devoción es la patrona de un barrio en Guayama.

Sabemos que es una tradición que se celebra ya por más de 130 años aproximadamente. Le pregunto su papá, mamá, hermanos, algún familiar, en aquel mo-

39

mento bajo su niñez y su juventud, ¿eran devotos de la virgen?

B.B.M.: Todos en casa son devotos de la Virgen. Mi mamá era la que le cosía el traje a la virgen que se le pone todos los años para su novena ella se lo hacía. Entonces yo participaba en la procesión. Llegué a salir de ángel que sacaban dos niñas vestida de ángeles, una vestida de virgen y otras niñas vestidas de pastoras. Yo llegué a salir de ángel de virgen y de pastora también.

A.O.T.R.: ¿Sus papás le dijeron a usted en algún momento alguna anécdota de cómo se celebraba aquí las festividades en los tiempos de ellos, o sea que sus abuelos, desde cuándo se celebraba la tradición?

B.B.M.: Recuerdo que ellos me decían que se acostumbraba a llevar al pueblo y también mí papá me contó que la virgencita un señor la encontró debajo de la palma, algo así, eso me contó mi papá. Entonces la pusieron en la capillita.

Lucy Rodríguez: Un señor trajo la imagen y dijo que se quedaran con ella (la virgencita) para que la adoraran. Pero cuando él la trajo, ya la devoción existía, cuando vivía en el cerro.

A.O.T.R.: Más o menos, ¿cuándo fue eso?

L.R.: Se dijo que, en el 1880, en el lugar que la veneraba, hasta el sol de hoy, el lugar se destruyó, la persona que se hizo cargo de ella entonces donaron un terreno ... la familia Rodríguez.

Quiero hacer un comentario sobre una imagen de la virgen que encontraron. Hubo un temblor y encontraron también una virgencita que era de la virgencita de la Candelaria.

A.O.T.R.: El terremoto, ¿fue a finales del siglo XIX?

L.R.: Sí, más o menos.

Cuando hicieron una capilla nueva (donde está ubicada hoy día) hicieron una procesión para trasladarla a la capilla nueva.

El día de la candelaria se avisaba en la mañana con un fututo, un caracol grande, pues se trepaban a la loma y sonaban eso por la madrugada. El último día del novenario se amanecían hasta la madrugada, y la procesión salía al pueblo a las cinco y treinta de la mañana. Se tenía la virgencita en el templo de Guayama.

A.O.T.R.: Doña Lucy, usted me estaba contando que cuando venían para acá la gente pagaban las promesas.

L.R.: Todo el tiempo. Durante los nueve días y durante todo ese día venían y vienen muchas personas extrañas de distintos pueblos a adorar la virgen.

A.O.T.R.: ¿Usted recuerda alguna promesa que le hayan contado?

L.R.: Sí, mira, este vino a la capilla una señora mayor que vive en Guayama, y ella estuvo enferma, entonces fue sanada de su enfermedad. Ella dice que su petición le fue sanada que le hizo de todo corazón a la virgen, se curó de su enfermedad y pudo caminar.

A.O.T.R.: Leí en la literatura que me brindaron, que los terrenos donde ubica la capilla hoy día fueron donados los por una señora de Estados Unidos. ¿Recuerdan quién fue esa persona si alguien le comentó de eso?

L.R.: No. Nadie recuerda el nombre. eso fue en la década del 40.

A.O.T.R.: A fines de la Segunda Guerra Mundial, más o menos. ¿Fue el pago de una promesa?

L.R.: Sí fue cuando la Segunda Guerra, entonces ella pidió por la protección de su hijo en la Guerra. El Padre que había en ese tiempo tuvo contacto con las personas y se consiguió para la construcción, los terrenos materiales para la construcción.

A.O.T.R.: Y usted doña Minín, ¿recuerda alguna promesa que le hayan expresado?

B.B.M.: Yo sé que venían mucha gente.

L.R.: La Dra. Julia Rodríguez, vino de San Juan, apareció en mi casa un domingo al mediodía. Esta señora sufrió una decepción bien grande en su vida. Una señora muy buena, perdió su esposo, perdió todo, llegó a los extremos de que ella casi enloqueció y vivió como un mendigo en las calles en Estados Unidos. Ese domingo yo estaba en casa y apareció buscándome porque ella quería estar en la presencia de la virgencita de la candelaria. Ella hizo una petición también, y prometió que en todos los lugares donde se veneraba la virgen ella iba a llegar por sus propios pasos.

Por peticiones que ella le hizo a la virgen, ella pudo, después de entrar a un hospital de conserje, siendo doctora, porque la situación la llevó a esos extremos de estar viviendo en albergue, pues ella consiguió trabajo en un Hospital y ahí es que surge la recuperación de ella por peticiones que le hizo a la virgen, y le prometió que en todos los lugares donde se veneraba la Virgen de la Candelaria, ella iba a llegar. Eso me impactó muchísimo porque esta señora me contó su historia, y me emociona.

Esta señora estaba bien físicamente, emocionalmente, encontró a su hijo, poco a poco, porque tenía fe en Dios y en la virgen de la Candelaria. Ella le pidió a la virgen y la virgen le ayudó, no la abandonó.

En adición a eso, hay un relato de mi abuela estando todavía la veneración en el monte, hubo un terremoto y mi abuela no estaba bien, perdió la razón. Me relatan las personas mayores que mi abuela perdió la razón de tal manera que ella saltaba de un lugar a otro en obstáculos bien grande por ese monte; y entonces a ruego de ellos porque era su apoyo esa devoción que tenían en ese monte, eran lo único que tenían en ese monte, y a ruego de todos ellos mi abuela se sanó, se recuperó y siguió siendo la misma trabajadora.

La comadrona que recogió a todo el mundo y que sanaba. Y todo en nombre de la santísima virgen y la cantadora de rosarios ella y sus hermanos, nos enseñó todo eso. Oraba a la virgen y curaba a todos los niños que estaban enfermos con su fe a la virgen.

A.O.T.R.: Se me ocurre preguntarle, la Iglesia católica, ¿ha puesto objeciones a la celebración o devoción a la Virgen de la Candelaria?

L.R.: Hasta donde yo he tenido conocimiento, y he participado, nunca jamás todo ha sido felicidad.

Pero en 1934, de las personas que hemos entrevistado hubo una mala conducta en las personas, según venían mucho con la devoción venían otros con otras intenciones hasta el punto que le faltaron el respeto al Sacerdote. Entonces según me contaron ellos pues esas personas le hicieron una gracia al sacerdote, cerraron la capilla y no venían a celebrar misa. Cerraron la capilla y la gente no le importó el castigo. Cuando llegaba después de navidad que se preparaba ya la gente pensaba en la devoción que debían cumplir, pues ellos rompían el candado y limpiaban la capilla, se preparaban, y se cantaban los nueve rosarios, y se hacían el velorio se amanecían, hasta que por fin se levantó el castigo hasta hoy día.

A.O.T.R.: Háblenos un poco cuando sus años de niña y adolescente, cómo era la celebración, como hoy día.

L.R.: Ya te podría decir que había más asistencia porque si yo hago un balance de aquellos tiempos a los de hoy, ha habido un cambio tan grande porque tiene que sacar tiempo para demostrar su fe, tiene que tener fe totalmente Antes no había otra cosa, iba mucha gente a cantar el rosario.

A.O.T.R.: ¿Antes se iba al pueblo y se regresaba?

L.R.: Sí, antes se iba al pueblo y se regresaba a eso de las 3:00 a las 4:00 p.m. Este año 1994 el fervor fue muy grande. Padre Gervasio tenía su inquietud de que esta tradición no siguiera. Pero hay un gran fervor.

A.O.T.R.: Sobre el ambiente en los rosarios. ¿Qué se hace primero, segundo, las letanías donde van, qué se hace, procedimiento?

L.R.: Después de Navidad la gente comienza a prepararse, ya que el 24 de enero está listo esa noche. La virgen debe estar en su altar. Las nueve personas que apadrinan, se preparan y ofrecen a los residentes.

Se les ofrece a los visitantes dulce de coco, arroz con dulce, dulce de lechosa y otros; ahora los tiempos han cambiado hay refrescos, sándwiches, el chocolate caliente no falta, ha vuelto el agua loja.

A.O.T.R.: En rosarios como tal, ¿qué se canta?

L.R.: Los misterios y otros...

A.O.T.R.: Lo que hemos visto y conocemos de la Iglesia católica, los rosarios son distintos a los tradicionales en la Iglesia.

L.R.: Ese es fervor tradicional de aquel tiempo, como la gente los aprendió. En cuanto a la Virgen de la Candelaria la misma se continúa desde el primer día que se comenzó aquí no ha cambiado en nada. Hasta hoy día. Lo único la inspiración que tuvo una persona que le hizo un himno hace diez años.

A.O.T.R.: Doña Lucy o Minín, háblenos un poco de las letanías, ¿cómo llegan a nuestra tradición hoy día?

L.R.: Desde nuestros antepasados. Ellos comenzaron las letanías en latín tanto rezados como cantado. Siempre fue así lo aprendían de oído. Alrededor de 15 años las muchachas se dieron a la tarea de copiar el rosario en latín para poder cantarlo completo. Lo copiaron como lo escucharon. Luego se copió el verdadero latín a instancias de Padre Gervasio. Es como lo aprendimos de oído.

A.O.T.R.: ¿Qué personas ayudaron que ustedes recuerden a que esta tradición llegara a nuestros días?

L.R.: De personas mayores. En cooperación y contribución de toda la comunidad.

A.O.T.R.: Me han contado que hoy en día los niños se visten de rojo y blanco, ¿siempre ha sido así?

L.R.: Siempre fue así. Yo siempre quería participar y cuando pude caminar desde pequeña iba a la procesión hasta el pueblo. Después Minín y yo hemos seguido desde siempre. Después de la mamá Minín se ha encargado de coser el traje a la virgen.

En la organización preparamos el altar, la procesión todo lo que conlleva la celebración. Buscar las niñas que participan.

El 2 de febrero es la fiesta universal de la Iglesia, en cuanto a la presentación del niño al templo. (Este año se hizo una presentación en vivo en la iglesia, donde se presenta a un niño con su madre, recién nacido.)

A.O.T.R.: En cuanto a la procesión, ¿se hacen paradas para las fogatas?

L.R.: Antes se hacían muchas paradas, pero las personas que tenían esas promesas han muerto. Hoy día la procesión se hace corrido y todas las personas que tienen devociones pues la hacen en la capilla. Ahora se hace de noche.

A.O.T.R.: Háblenos de la gran fogata que se hace en la madrugada.

L.R.: Se hace el anuncio y muchas personas se levantan temprano acuden a la capilla y se hace una celebración de la palabra y cánticos alrededor de la fogata. Se hace himnos de la virgen. Durante el día las personas hacen turno para velar la capilla. Hasta la gran celebración en la noche.

A.O.T.R.: ¿La misa, incluye lo mismo que en la Liturgia?

L.R.: Sí, la misa es algo bien bonita, solemne algo bien precioso.

A.O.T.R.: Doña Minín, nos han dicho que usted confecciona el traje a la virgen, usted como ferviente o devota de la virgen, ¿Qué usted siente?

B.B.M.: Desde que me conozco, he estado en la tradición ... Yo la visto cosa tal que esa noche está preparada.

A.O.T.R.: Cuando su mamá hacía el traje a la virgen, me imagino que había mucho fervor.

B.B.M.: Con mucho fervor.

A.O.T.R.: Doña Minín, ¿Qué significa para usted toda esta celebración en la comunidad?

B.B.M.: Bueno para la virgencita celebrar esta tradición anualmente, ella nos colma de muchas bendiciones, porque aquí en el barrio podrían surgir cosas peores como están los tiempos actuales, como vivimos; gracias a Dios y a ella que la gente se los pide ...

pero que con las oraciones en sus casas son devotos de la virgen. Siempre le pido a la virgen, que cuide a cada uno de mis hijos... cuando rezo el rosario.

A.O.T.R.: Doña Minín, ¿usted piensa que la tradición no va a decaer, sino que va a continuar? ¿Tiene Fe?

B.B.M.: Sí, tengo fe en que la tradición continúe en los siglos de los siglos. Amén.

A.O.T.R.: Doña Lucy, ¿para usted la tradición qué significa?

L.R.: Es algo que me llena muchísimo, y cosas así que vienen de mucho tiempo y que no se han perdido es algo importante.

Porque yo puedo tener fe si tengo conocimiento por lo que he leído, pero una fe que uno ha vivido, las experiencias no se pierden, es un recuerdo que va dentro del ser de uno, en la mente y el corazón.

Es una virgen tan pequeña, tan sencilla y se le guarde tanto fervor y respeto a través de tanto tiempo. Ser custodiada por esta comunidad y ser respetada y que la Iglesia nos responda por ello. Responderle a la Iglesia por María. Para el creyente cabe en cualquier corazón.

La participación de la juventud ha sido muy positiva, especialmente este año (1994). La virgencita representa para nosotros un instrumento de fe.

A.O.T.R.: Doña Lucy, ¿usted tiene fe de que la tradición siga?

L.R.: Seguro. Yo te digo por experiencia propia que yo pensaba que iba a tener corta vida. Mi papá era bien fervoroso, él cantaba el rosario, toda su vida ... sentimiento del amor y la fe ya creo en eso. El oraba mucho por mí y yo oraba a la virgen. A los doce años me convertí en catequista.

10. Entrada de la capilla de la Virgen de la Candelaria, Corazón, Guayama.

ÍNDICE GENERAL

ÍNDICE DE ILUSTRACIONES

BIBLIOGRAFÍA

Fuentes primarias

Evangelio de San Lucas. *La Biblia Latinoamericana*. Madrid, España: Ediciones Paulinas y E. Verbo Divino, 1986.

Fuentes secundarias

Bayrón Toro, Fernando. *Mayagüez: Temas de su historia y geografía*. Mayagüez, Puerto Rico: Editorial del Museo Eugenio María de Hostos Municipio de Mayagüez, 2013.

Pagán, Mario F. *Historia de Lajas (1883- 1983)*. Mayagüez, Puerto Rico: Imprenta Negrón Martín, 1983.

Rodríguez Vargas, Rafael. *El hombre de la azada en Puerto Rico: Opresión y libertad*. San Juan, Puerto Rico: Talleres de Bibliográficas, 2019.

Rosario Natal, Carmelo. *Manatí en el siglo XVIII: Economía, sociedad y vida cotidiana.* San Juan de Puerto Rico: Producciones Históricas, 2013.

Tirado Rivera, Alexis O. *Historia de una ciudad: Guayama, 1898- 1930.* Caguas, Puerto Rico: Ediciones Bayoán Arte y Cultura, 2014.

United States Government. *Censo de población y vivienda del 2010.* Washington, D.C.: Departamento de Comercio, Negociado del Censo, diciembre de 2012.

Internet

Homilía del papa Francisco en la Misa de la Fiesta de la Presentación del Señor 2 de febrero de 2019. https:// www.aciprensa.com/noticias/homilia-del-papa-francisco-en-la-misa-de-la-fiesta-de-la-presentacion-del-señor-79416.

Resumen histórico del municipio de Lajas. http://www. agencias.pr.gov/municipio/Lajas/sobrelajass/Pages/IglesiaNuestraSenoradelaCandelaria.aspx.

Registro y los documentos de recomendación del National Parks Service sobre las ruinas de la ermita de Nuestra Señora de la Candelaria en Toa Baja, Puerto Rico. https://www.nps.gov/nr/feature/places/pdfs/15000398.pdf.

Entrevistas

Entrevista a Ventura Gómez Vázquez, 8 de abril de 1994, barrio Corazón, Guayama, Puerto Rico.

Entrevista a Bernardina Berríos, 8 de abril de 1994, barrio Corazón, Guayama, Puerto Rico.

Entrevista Lucy Rodríguez, 8 de abril de 1994, barrio Corazón, Guayama, Puerto Rico.

www.ingramcontent.com/pod-product-compliance
Lightning Source LLC
Chambersburg PA
CBHW060429050426
42449CB00009B/2215